NIGHTMARE IN NEW YORK

© **BARTUS BARTOLOMES**

POEMS, DRAWINGS, DESIGNS AND TRANSLATIONS

NIGHTMARE IN NEW YORK

©BARTUS BARTOLOMES

Para realizar pedidos de este libro, contacte con:
Palibrio LLC
1663 Liberty Drive, Suite 200
Bloomington, IN 47403
Gratis desde EE. UU. al 877.407.5847
Gratis desde México al 01.800.288.2243
Gratis desde España al 900.866.949
Desde otro país al +1.812.671.9757
Fax: 01.812.355.1576
ventas@palibrio.com
633623

INTRODUCTION

BARTUS BARTOLOMES POETICAL ANTIDOTES TO ALPHABETIZE THE WORLD

When commonly referring to overloaded information, to obsessive accumulation of signals in the circuit of production and reception of the visual and textual context, we are generally content with a kind of observation, a confirmation which actually leaves everyone overwhelmed by this sequence nearly uninterrupted in its unfolding and repetition. Indeed a fact by now acquired, but in front of which it seems to be emerging in the work of Bartus Bartolomes, as for natural antidote, a spread of verbal-visual gasps, pictograms on the boundary of the text, which hybridizing in its occurrence builds a language inspired by a visualism not mechanically decodable.

The artist's iconic message, shaped through disarticulations in ordinariness and predictability of the media message, both technological and not, free a linguistic joyride which does not deny the ritual of the standardized information, but puts it in a condition where it loses its reference code, then it loses its fair pervasiveness and translates it into the actual encounter with the own circuit of the recipient of that message, a receptive humanity that shows itself in its variant both as western alphabetized audiences, and as peripheral ethnic group to linguistic mechanisms typical of post-technological world...

The ludic soul permeating the iconic artist's writing sweeps like a breath his overcrowded montages, gives them exotic fantasies, transforms the human desires in deformed spatial compartments waiting to trace a spontaneous and direct expression of the self. The color and design coagulate around this sort of writing that, starting from the previous visual poetry, wants to return to a visual word that hybridizing realize itself beyond a precise control, beyond a ' search ' resulting from the intention that produced it, but a word mark that hovers without reflecting in a semiotic unique referent, so that the language may finally lead us back to what precedes and nourishes it.

Giovanni Ciucci
Ravenna,Italy. 26/09/12

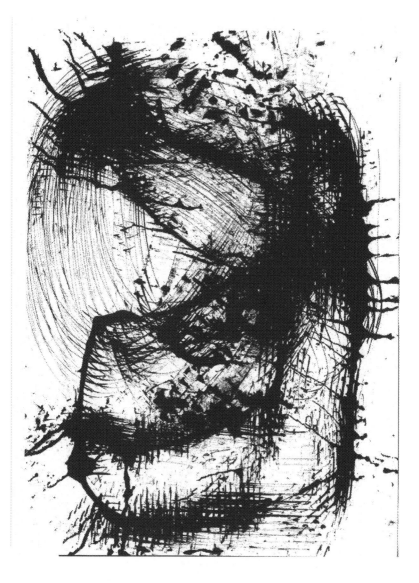

NIGHTMARE IN NEW YORK

English Version

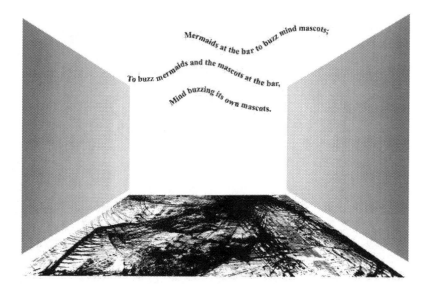

Mermaids at the bar to buzz mind mascots;

To buzz mermaids and the mascots at the bar,

Mind buzzing its own mascots.

And

artic spiders

    procreated fireworks

        in obscure

        steel galaxies.,

        Tatooed

        tarantulas

      boiled

    the dew of celestial

butterflies

of snow..,

    Gaseous larvae

      pecked at charcoal cobs

        with their legs

        lost

        in heaven.,

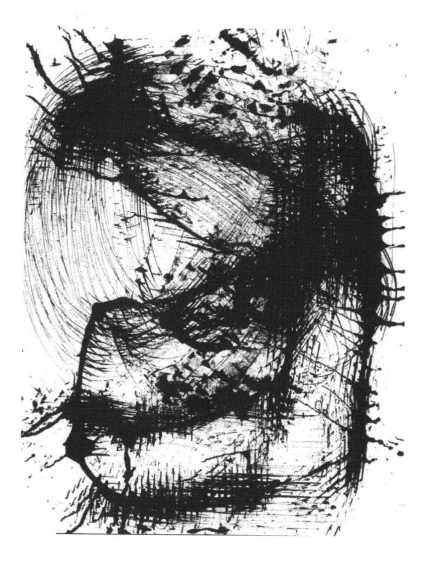

Bees and drones

with their black

and empty bop-bags saw

spend viewed

the titanic honey jar

of the iconoclastic dream

passing over

wide clouds of bones

and its blind flowers.,

Dragonflies

stunned

by flamethrowers

froze

their fluorescent petals

in the udders

of hemophilic gardens.,

Fly embryos

darting against the fire

of stainless plexiglass

crawled

over the aura

of millions

of silent

souls.,

Rubber spiders

with treacherous wings

of marble

smelling of

nicotine pits

distilled

the perfume of

fugitive scorpions

in the ethereal

meat of limbo.,

Tadpoles

leaping with their fruit erect

in the umbilical

nectar

of the dead leaves.,

Hummingbirds with needle-like beaks

executing

salted beehives

bargained

while drinking

their deadly moonshine.,

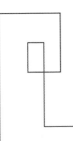

And the massive

defenestration

Of flesh shook

the stairs

of the Broadway theatrical sky.,

The galaxies

    hugging

       the smoke of the

          macabre biocides

            hurting

             rag angels,

              inflating

              the pious

              planet

              with gall

              and

         vinegar,

       erupting

     its orbits

     against

the nirvanic pulse

  of the big

    apple

  of sugar.,

And

between arthropod

and arthropod

the bluebirds

of dark waters

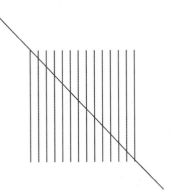

touched the

arabesque skin

of the

mosquitoes

of necrotic blood.,

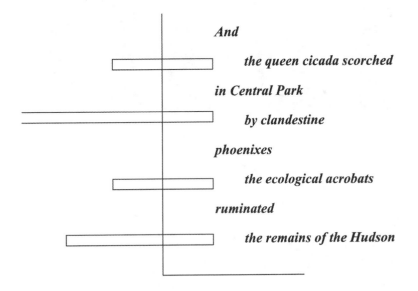

And

the queen cicada scorched

in Central Park

by clandestine

phoenixes

the ecological acrobats

ruminated

the remains of the Hudson

And

    they became fossilized

    at the edge of the faunesque solar

    and lunar eclips,

The lice leaped

        from galaxy to galaxy

        spreading out

over

the white dunes

pressing themselves

       against the breasts of

       teenage mermaids

between

their serpentilian legs

      and their feathery

        wings of sand

          shining

          like bengal

          lights.,

And

this civilized

   cannabilization,

   this crazy

mooning of mistakes,

this circumcision of mega-death installed

   with insectivore gossip

   of dirty piety

      spreading on invertebrate ink

      its seminal physic bacteriums.,

      This Messianic tourism

itinerating

in the degradation

      of millions of torn cartilage

of narcoticized hymns

      and deafened prayers

in the pyroforic

pamphlet

      of the integrist germs.,

The roses of Harlem

      unraveling

             the inexplicable

               stockings

                of time

                 tasted

        caramelized ashes

    from edenic

    cigarettes of poppies .,

        Nocturnal chickens

    Evacuated by caesarian

      the drastic

        droppings

          of their horrific

           Lifeless eggs..,

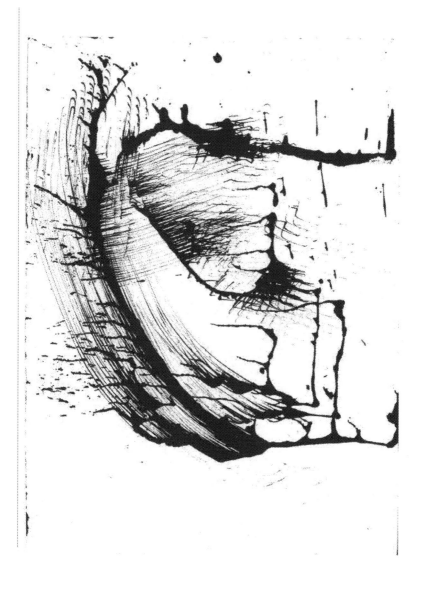

And the zaroastrian

cicadas exploding

naked in the

archeolythic cloth

of the shopping mall

and the hooves of the

the cinemascopic Brooklyn ants

deadly weapons of the forest

dismembering

the song

of the birds

at war.,

The U.N. Pithecanthropus

infernalized birds

by the perishable worm

full of cold cured meet

of its black geological pigeon

staggered furnishing

expatriated emigrants

against the walls of the henhouse

melted glass.,

And confederate spiders

weaved ultrasonic codes

At the night clubs

encrypted in dark ends

that surrendered fires of ice

that yielded calcinated

trees with the

head carved

in lead

And the cartographic

worms leaped

to the theological bed of Wall Street

hunting countless

sleeping fairies

in the grilled anthill of dry smoke.,

And

   the blown-up

      t-shirts of salted sweat

         were burning

            biting the sinful voic

               of East Village

               with iguanesqu

               dolls

               lapidated

               by the air

               or executed

               against

   the metaphysical banners

               of Times Square.

               And

   the unsuspecting

               suicidal rat

               hypnotized

               by the sanctimonious

               mammal

               of this immense patchwork

   with his knife-sharp face

                     and gold teeth

weaving

the inflammable zoo

of his own hairs.,

slicing his tongue

of terracota and cheese.,

Neo-Hiroshimizing

the exhausting path

of the lay quaternary

of thousands and thousands

of innocent passersby.,

And the tsetse flies

tried to shake off

the

hungry

flying petrodinosaurs

squatting

to escape the world

roaring

with red violence.,

And the

empty hours

discouraged

the cold prayers

of the hypnotizers

of the Holy War

of the mischievous cuckoos

at the real state agencies

and the mysterious bat

of the sushi restaurants

dressed as a kamikaze opened up holes

in the table

atomizing little beasts

and executing sea fruits.,

— — — — — — — — — —
— — — — — — — — — —
— — — — — — — — — —
— — — — — — — — — —

And curling up

in the thickness

of this tragic

down town universe

with its torn psyche

and its rice angels

with aspid-shaped torches

blind and lost fireflies

lost birds

snatched

from the aesthetic steakhouse

of MOMA *

ashes of rag minotaur,

And the spiderweb

of the deaf universe

with its messiahs

and solar speakers

converted into nuclear placenta

plastered

in its grey saliva of defeat.,

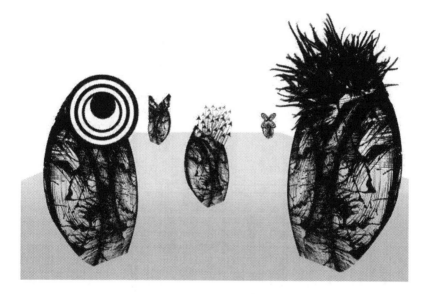

The pious old ladies

that recite sacraments

repeating at machine gun speed

the epiphany

of the nightingales in black

without gardens

nor plumes hanging

from the long calvary

of incubators

never identified.,

And horned

embryos

of spiders boiled

croaking

bicephalic bison

boiling in the bubbles

of the big broken apple.,

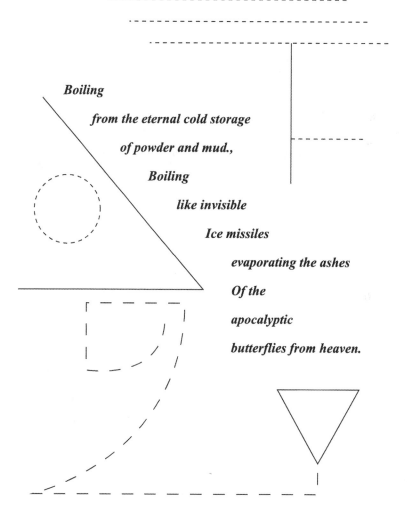

Boiling

from the eternal cold storage

of powder and mud.,

Boiling

like invisible

Ice missiles

evaporating the ashes

Of the

apocalyptic

butterflies from heaven.

Bartus Bartolomes

39

PESADELO EM NEW YORK

Versão em português

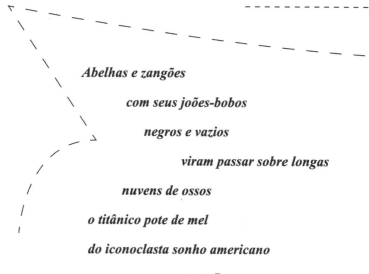

Abelhas e zangões

    com seus joões-bobos

        negros e vazios

             viram passar sobre longas

   nuvens de ossos

o titânico pote de mel

do iconoclasta sonho americano

         e sua flor cega.,

Libélulas

   Atordoadas

        por lança-chamas

          congelavam

     suas pétalas fluorescentes

        nos úberes

  de jardins hemofílicos.,

And

artic spiders

procreated fireworks

in obscure

steel galaxies.,

Tatooed

tarantulas

boiled

the dew of celestial

butterflies

of snow..,

Gaseous larvae

pecked at charcoal cobs

with their legs

lost

in heaven.,

Embriões de mosca

voando contra o fogo

De plexiglass inoxidável

rastejavam

sobre a aura

de milhões

de almas

silenciosas.,

Aranhas de borracha

com pérfidas asas

de mármore

cheirando a fossas

de nicotina destilavam

o perfume de

escorpiões fugitivos

na etérea

carne do limbo.,

Girinos

saltando

com seu fruto ereto

no néctar umbilical

das folhas secas fenecidas.,

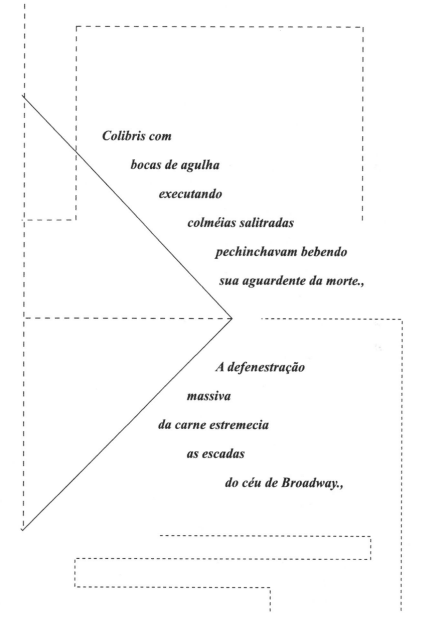

Colibris com

    bocas de agulha

       executando

        colméias salitradas

          pechinchavam bebendo

            sua aguardente da morte.,

            A defenestração

        massiva

     da carne estremecia

       as escadas

         do céu de Broadway.,

As galáxias

abraçando-se

á fumaça dos

macabro biocidas

machucando

anjos de pano,

inchando

o piedoso

planeta

de fel

e

vinagre,

suas óbitas

entrando em erupção

contra

o nirvânico pulso

da grande

maçã

de açúcar,,

E

entre artrópode

    e artrópode os pássaros azuis

        de águas escuras tocavam a

            arabesca cútis dos

                mosquitos

            de sangue necrocida.,

                E

        chamuscada a cigarra mãe

    no Central Park

por fênixes

clandestinos

os saltimbancos ecológicos

    ruminavam

os despojos do Hudson

e

se fossilizavam á beira

do faunesco

eclipse de sol e lua.,

E

esta canibalização

civilizada

este louco

mugido de erratas

esta circuncisão

de mega-morte instalada

com insectívoros

boatos de piedade suja

viajando

em invertebrados tinteiros

do fluido seminal.,

Este turismo messiânico

itinerando

na degradação de milhões

de cartilagens rasgadas...

de narcotizados hinos

e preces ensurdecidas

no panfleto

piróforo

dos platónicos germes

de precário gemido

e as cigarras zoroastrianas

explodindo nus na

tela arqueolítica

das shoping malls.,

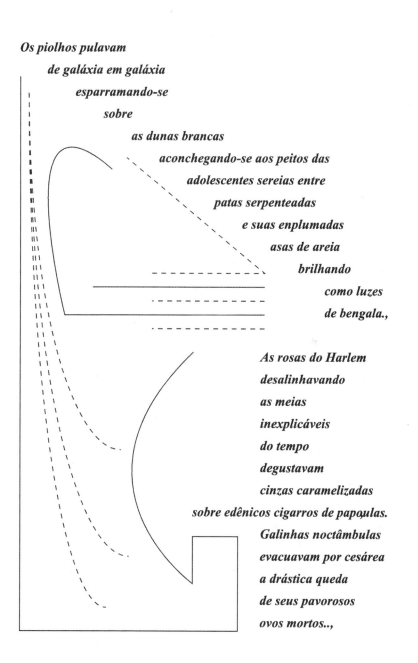

Os piolhos pulavam
  de galáxia em galáxia
     esparramando-se
        sobre
          as dunas brancas
            aconchegando-se aos peitos das
               adolescentes sereias entre
                 patas serpenteadas
                   e suas enplumadas
                      asas de areia
                         brilhando
                            como luzes
                               de bengala.,

As rosas do Harlem
desalinhavando
as meias
inexplicáveis
do tempo
degustavam
cinzas caramelizadas
sobre edênicos cigarros de papoulas.

Galinhas noctâmbulas
evacuavam por cesárea
a drástica queda
de seus pavorosos
ovos mortos..,

55

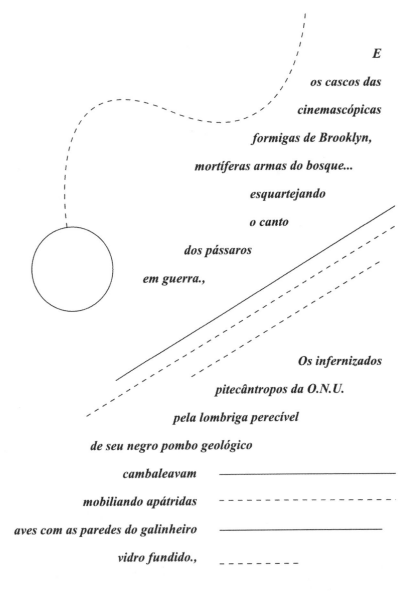

E

os cascos das

cinemascópicas

formigas de Brooklyn,

mortíferas armas do bosque...

esquartejando

o canto

dos pássaros

em guerra.,

Os infernizados

pitecântropos da O.N.U.

pela lombriga perecível

de seu negro pombo geológico

cambaleavam

mobiliando apátridas

aves com as paredes do galinheiro

vidro fundido.,

E

aranhas confederadas

   teciam no Shopping Mall

    códigos ultra-sônicos

     encriptadas

           em escuros finais

   que cediam fogos de gelo

       que cediam calcinadas árvores

       com cabeça entalhada

       de chumbo

       e os vermes cartógrafos

       pulavam

       para o leito teológico

      de Wall Street

     caçando incontáveis

   fadas adormedidas

no formigueiro de fumaça seca.,

E

as agigantadas

torres de vidro

queimavam-se

mordendo

a voz pecadora de Manhattan

com iguanescas

bonecas lapidadas

pelo ar

ou fuziladas

contra os

anúncios metafísicos

de Times Square.,

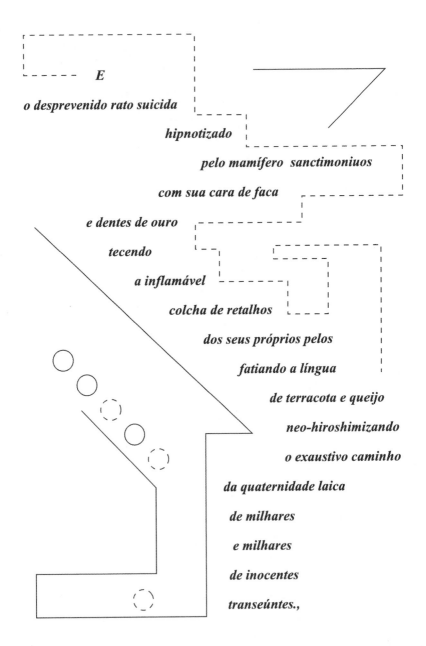

E

o desprevenido rato suicida

hipnotizado

pelo mamífero sanctimoniuos

com sua cara de faca

e dentes de ouro

tecendo

a inflamável

colcha de retalhos

dos seus próprios pelos

fatiando a língua

de terracota e queijo

neo-hiroshimizando

o exaustivo caminho

da quaternidade laica

de milhares

e milhares

de inocentes

transeúntes.,

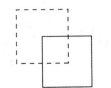

E as

horas

incompetentes

desfavoreciam

as orações gélidas

dos hipnotizadores

do jihad

dos cucos travessos

dos agentes imobiliários

e o misterioso morcego

da East Village

vestido de kamikasi vai abrir furos no sushi para

executar pequenos animais e todos os frutos do mar.,

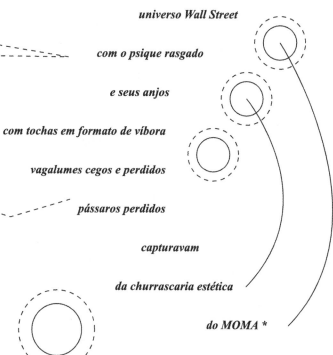

E aconchegando-se

nas espessuras

deste trágico

universo Wall Street

com o psique rasgado

e seus anjos

com tochas em formato de víbora

vagalumes cegos e perdidos

pássaros perdidos

capturavam

da churrascaria estética

do MOMA *

cinzas de minotauros de trapo.,

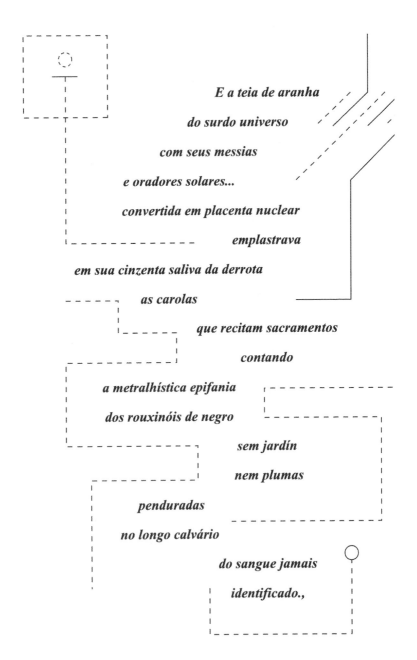

E a teia de aranha

do surdo universo

com seus messias

e oradores solares...

convertida em placenta nuclear

emplastrava

em sua cinzenta saliva da derrota

as carolas

que recitam sacramentos

contando

a metralhística epifania

dos rouxinóis de negro

sem jardín

nem plumas

penduradas

no longo calvário

do sangue jamais

identificado.,

E

cornudos embriões

    de aranhas ferviam

croachando

    bisões bicéfalos

ferviam nas borbulhas

    da grande maçã quebrada,

ferviam

    do eterno frigorífico

de pó e barro.,

    Ferviam

como invisíveis

    mísseis de gelo

evaporando as cinzas

    as

apocalípticas

    mariposas do céu.

Bartus Bartolomes

PESADILLA EN NEW YORK

Versión en Español

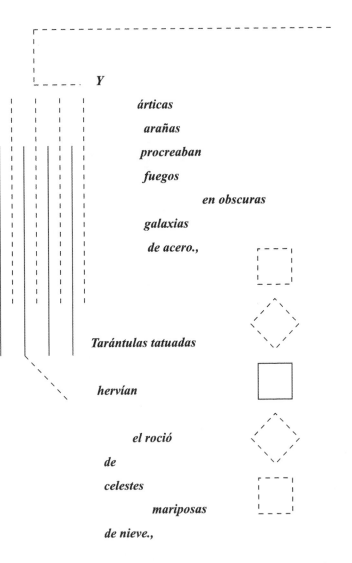

Y

árticas

arañas

procreaban

fuegos

                  en obscuras

galaxias

de acero.,

Tarántulas tatuadas

hervían

    el roció

de

celestes

      mariposas

de nieve.,

Gasíferas larvas

      picoteaban

          espigas

          de carbón

       con sus patas

       perdidas

       en el cielo.,

Abejas y zanganos

con sus   tentetiesos

   negros

      y vacíos

    sentian pasar

    sobre largas

       nubes de huesos

       el titánico tarro de miel

   del sueño iconoclástico

y sus flores ciegas

cumpliendo

una condena virtual.,

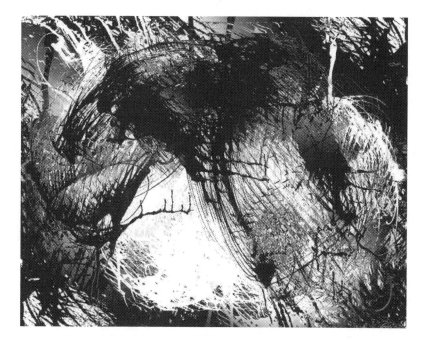

Embriones de mosca

volando

contra el fuego

del plexiglas

inoxidable

gateaban

sobre el áurea

de

millones

de almas

silenciosas.,

Arañas de goma

con pérfidas alas

de mármol

olientes

a

fosas

de nicotina

destilaban

el perfume de

alacranes fugitivos

en   la

etérea carne

del limbo.,

74

Renacuajos

saltando

        con su fruto

         erecto

en el néctar

amílico

de las hojarascas

fenecidas.,

            Colibríes

          con

            boca de guardagujas

       ejecutando

colmenas salitradas

recateaban

      bebiendo su

       aguardiente

      de la

      muerte.,

Las galaxias
abrazándose
al humo de los
macabros biocídas
magullando
ángeles de tela.,
hinchando
el piadoso
planeta
de hiel

    y
     vinagre,
     eruptivando
     sus órbita
      contra
       el nirvanico pulso
      de la gran
          manzana
         de azúcar.,

         Y
         entre
         artrópodo
         y artrópodo
         los arrendajos
         de aguas oscuras
      rozaban el
       arabesco
        cutis
      de los
       mosquitos

        de sangre necrocida.,

Y

   chamuscada

      la cigarra madre

en Central Park

por fénixes

clandestinos

los saltimbanqui ecológicos

   rumiaban

     los despojos del Hudson

   y

    se fosilizaban

   al borde

    del faunesco

      eclipse

        de sol y luna..,

Los piojos saltaban

    de galaxia

            en galaxia

       se amusgaban

        sobre

        las dunas blancas

      se entetaban

           contra

              adolescentes sirenas

              con sus patas

           serpenteadas

      y sus velludas

       alas de arena

        brillando

    como luces

    de bengala.,

Las rosas de Harlem

deshilvanando

los calcetines

inexplicables

del tiempo

degustando

cenizas caramelizadas

sobre edénicos

cigarrillos

de amapolas .,

Gallinas noctambulas

Evacuaban por cesárea

la drástica caída

de sus

pavorosos

huevos muertos..,

Y

  ésta canibalización

  civilizada,

esta locura

mugiente

de erratas,

  esta circuncisión

  de mega-muerte instalada

    con bichivoros* boatos

      de piedad enmugrada

  viajando

   en invertebrados

    tinteros

   de esperma agonica.,

Este turismo mesiánico

itinerando

en la degradación

de millones

de cartílagos

rotos.,

De narcotizados himnos

y plegarias ensordecidas

en el porfolio

pirofórico

de gérmenes inquisitoriales

de precario gemido

y las cigarras zaroastrianas

estallando

desnudas

en la tela

arqueolítica

de los templos.,

83

cinemascòpicas

Y
las pezuñas
de las

hormigas
de
Brooklyn

mortíferas
armas del bosque

descuartizando
el canto
de los pájaros
en guerra.,

Los pitecántropos

de la O.N.U
infernalizados

por la
lombriz
perecedera

de su
negro pichón
geológico
tambaleaban

amueblando

apátridas
aves
agnósticas
con las
paredes
del gallofero
vidrio

Y

arañucas confederadas
                    tejían en los
cuarteles
claves ultrasónicas
 encriptadas
en
        oscuros
                finales
que
cedían
        fuegos
de
        hielo
que
        cedían
calcinados
        árboles
                        con
                        la
                        cabeza
                        tallada
                        de plomo.,

Y
los
gusanos
cartógrafos
                        saltaban
al lecho
teológico
de Wall Street
cazando
                        incontables
                        hadas durmientes

                en el hormigón
de humo seco.,

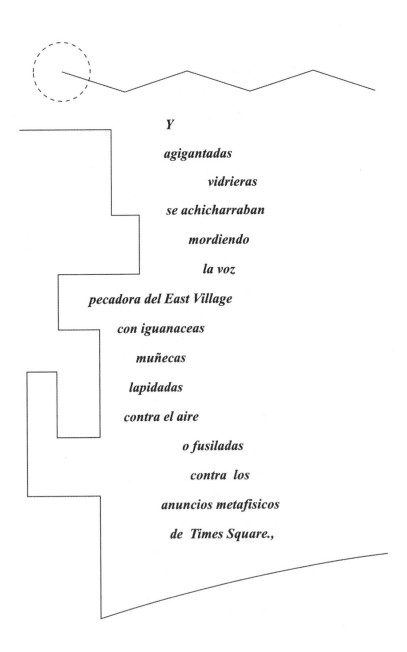

Y

agigantadas

vidrieras

se achicharraban

mordiendo

la voz

pecadora del East Village

con iguanaceas

muñecas

lapidadas

contra el aire

o fusiladas

contra los

anuncios metafísicos

de Times Square.,

Y

la desprevenida

rata suicida

hipnotizada

por el mamífero santurrón

de este inmenso patchwork

con su cara

de cuchillo y dientes de oro

herbando

sus propios cabellos,

tasajeàndo la lengua

de terracota y queso,

neo-hiroshimìzando

el agobiado camino cada día

de la cuaternidad laica

de miles y miles

de inocentes transeúntes .,

Y

las

mocarras

trataban

de

zafarse

de los hambrientos

petrodinosaurios

voladores

acucandose

unas con otras

para salirse

del mundo

rugiente

de tan

inesperada

violencia.,

Y las

horas

inhábiles

desfavorecían

las oraciones gélidas

de los hipnotizadores

de la guerra santa

Y de

los

cucús

traviesos

de las agencias inmobiliarias.,

Y el

misterioso

murciélago

del sushi bar

vestido

de kamikasi

abría

huecos

en la tabla

atomizando pequeñas bestias

y

ejecutando

frutos de mar.,

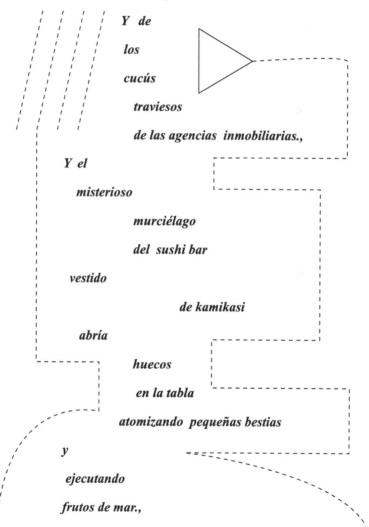

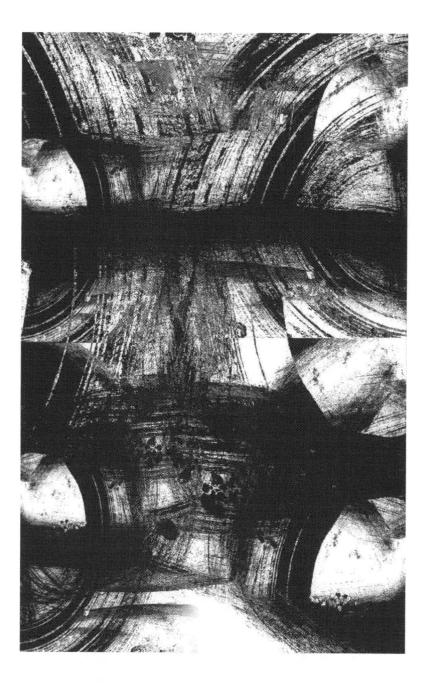

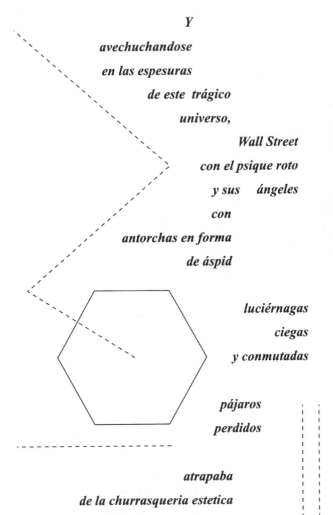

Y

avechuchandose

en las espesuras

de este trágico

universo,

Wall Street

con el psique roto

y sus   ángeles

con

antorchas en forma

de áspid

luciérnagas

ciegas

y conmutadas

pájaros

perdidos

atrapaba

de la churrasqueria estetica

del MOMA**

cenizas de minotauros

de trapo

desaparecidos.,

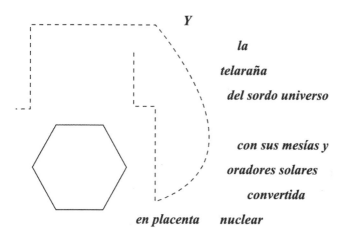

Y

la

telaraña

del sordo universo

con sus mesías y

oradores solares

convertida

en placenta   nuclear

emplastaba

en su gris saliva

de la derrota

a las cuca burras

que recitan sacramentos

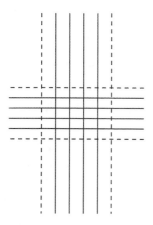

contando la metrallística epifanía

de los ruiseñores de negro

sin jardín ni plumas

colgados

en el largo calvario

de la

sangre

jamás

identificada.,

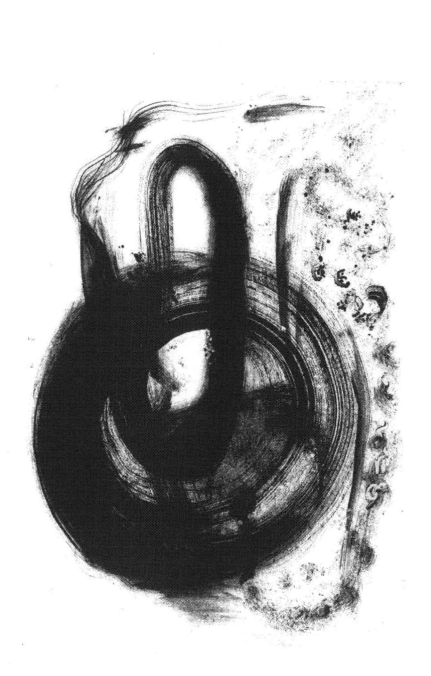

Y

encornudados

embriones

de arañas

bullían

crotorando

bisontes

bicéfalos.,

Bullían en

las

burbujas

de

la gran

manzana rota.,

Bullían

del

eterno

frigorífico

de

polvo

y barro.,

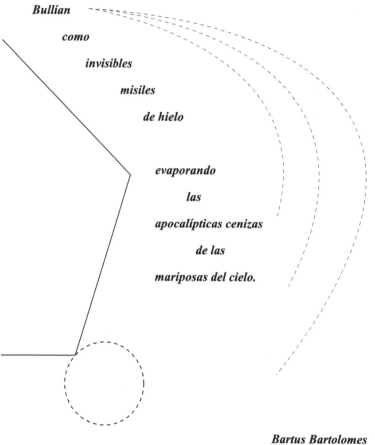

Bullían

  como

    invisibles

      misiles

        de hielo

          evaporando

            las

          apocalípticas cenizas

            de las

          mariposas del cielo.

Bartus Bartolomes

* *Insectivoros.*

** *Museo de Arte Moderno.*

INCUBO IN NEW YORK

Versione Italiana

E

artici

ragni

procreavano

fuochi

              in oscure

galassie

d'acciaio.,

         Tarantole tatuate

bollivano

        la rugiada

di

celesti

        farfalle

di neve.,

Gassose larve

beccavano

spighe

di carbone

con le loro zampe

perdute

nel cielo.,

Api e fuchi

con i loro misirizzi

neri

e vuoti

videro passare

sopra lunghe

nubi di ossa

il titanico barattolo di miele

del iconoclastico sogno americano

schiacciate

e il suo fiore cieco

scontando una condanna virtuale .,

Libellule

schiacciate

da lanciafiamme

congelavano

i loro petali fluorescenti

nelle mammelle di

giardini emofiliaci.,

Embrioni di mosca

volando contro il fuoco

del plexiglas inossidabile

gattonavano

sopra l' aurea

di milioni

di anime

silenziose.,

Ragni di gomma

con perfide ali

di marmo

odoranti

di

fosse

di nicotina

distillavano

il profumo di

scorpioni

fuggitivi

nella

eterea carne

del limbo.,

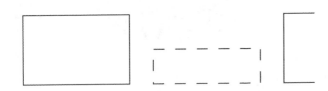

Girini

saltando

con il loro frutto

eretto

nel nettare

amidaceo

dei rifiuti defunti.,

Colibrì

con

bocca di guardascambi

eseguendo

alveari salnitrati

mercanteggiavano

bevendo la loro

acquavite

della

morte.,

E

la defenestrazione

massiva

della carne

scuoteva

le scale

del cielo di Broadway.,

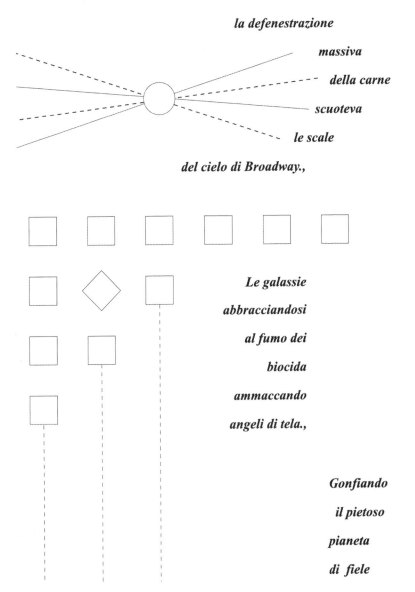

Le galassie

abbracciandosi

al fumo dei

biocida

ammaccando

angeli di tela.,

Gonfiando

il pietoso

pianeta

di fiele

e

aceto

eruttando

le sue orbite

contro

il nirvanico polso

della grande

mela

di zucchero,.

E

tra

artròpode

e artròpode

le ghiandaie

di acque scure

sfioravano l'

arabesca

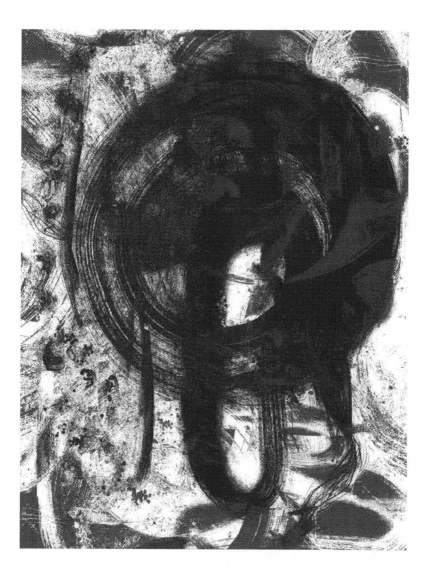

E

carbonizzata

la cicala madre

in

Central Park

da fenici

clandestine

i saltimbanchi

ecologici

ruminavano

le frattaglie

dell' Hudson

e

si fossilizzavano

sul bordo

del faunesco

eclissi

di sole

e luna.,

I pidocchi

saltavano

di galassia in galassia

si vergognavano

sopra

le dune bianche

si intettavano

contro

adolescenti sirene

tra

le loro zampe

serpentate

e le loro pelose

ali di sabbia

brillando

come luci

di bengala.,

Le rose di Harlem

sbrogliando

i calzini

inesplicabili

del tempo

degustavano

ceneri caramellizzate

sopra edeniche

sigarette di papavero .,

Galline nottambule

evacuavano dal cesareo

la drastica caduta

delle loro spaventose

uova morte..,

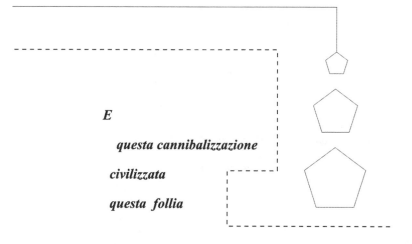

E

questa cannibalizzazione

civilizzata

questa follia

muggente di errori

questa circoncisione di mega-morte insediata

con insettivori boati

di pietà insudiciata

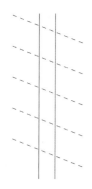

viaggiando

in invertebrati

calamai

di sperma metafisici.,

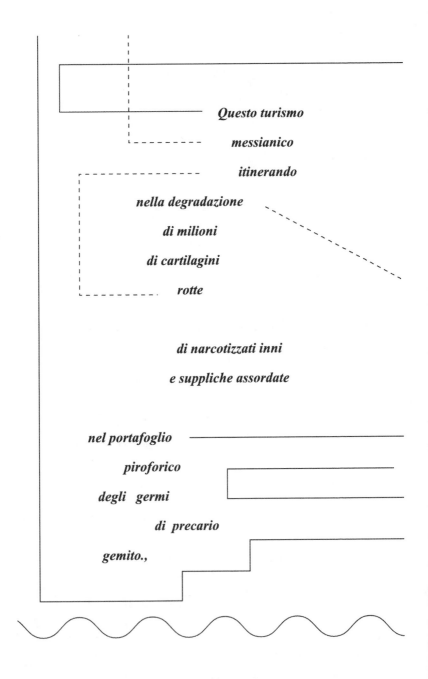

Questo turismo

messianico

itinerando

nella degradazione

di milioni

di cartilagini

rotte

di narcotizzati inni

e suppliche assordate

nel portafoglio

piroforico

degli germi

di precario

gemito.,

E le cicale zoroastriane

esplodendo

nude

nella tela

archeolitica

degli templi

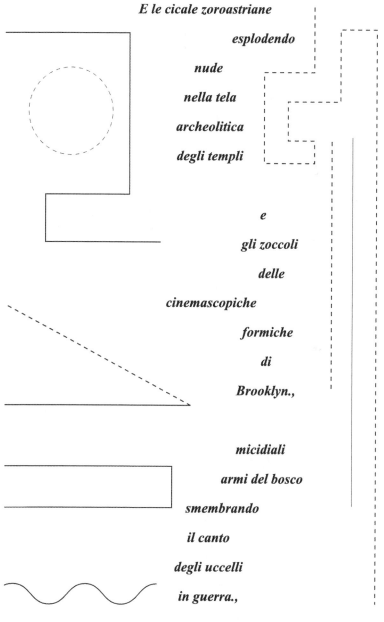

e

gli zoccoli

delle

cinemascopiche

formiche

di

Brooklyn.,

micidiali

armi del bosco

smembrando

il canto

degli uccelli

in guerra.,

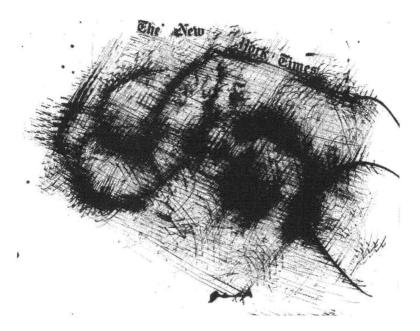

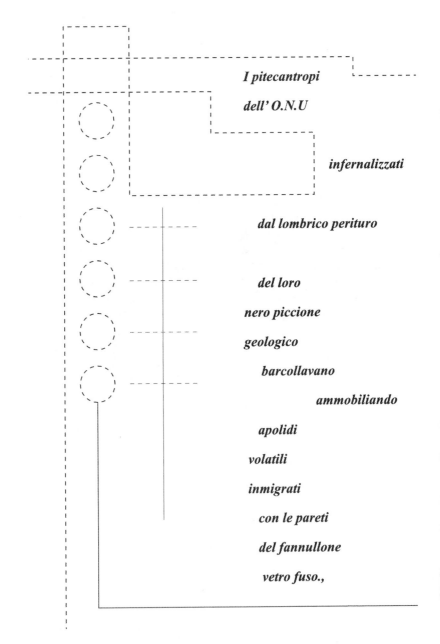

I pitecantropi

dell' O.N.U

infernalizzati

dal lombrico perituro

del loro

nero piccione

geologico

barcollavano

ammobiliando

apolidi

volatili

inmigrati

con le pareti

del fannullone

vetro fuso.,

E

ragnetti confederati

tramavano nel

shopping mall

codici ultrasonici

cifrati

in oscuri

finali

    che

    cedevano

    fuochi

    di

    gelo

    che

cedevano

calcinati

alberi

con la

    testa

    scolpita

    di piombo.,

E

i

vermi

cartografi

saltavano

al

giaciglio

teologico di Wall Street

cacciando

incomputabili

fate

addormentate

nel cemento

di fumo secco.,

E

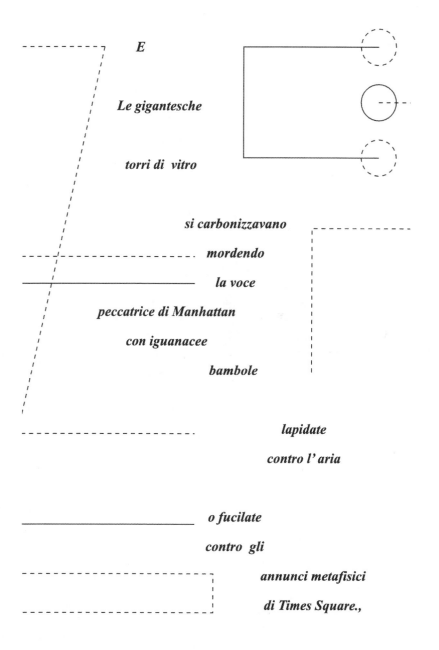

Le gigantesche

torri di vitro

si carbonizzavano

mordendo

la voce

peccatrice di Manhattan

con iguanacee

bambole

lapidate

contro l' aria

o fucilate

contro gli

annunci metafisici

di Times Square.,

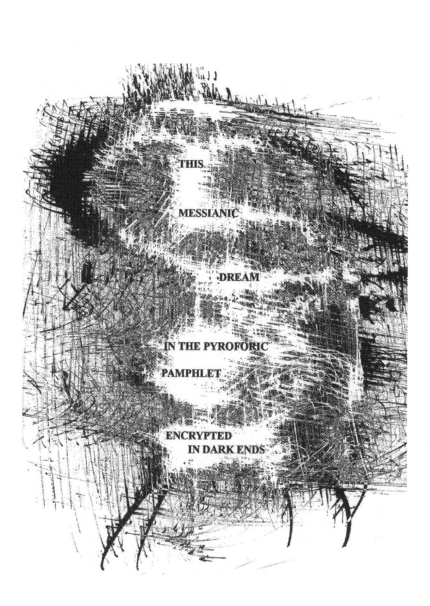

THIS

MESSIANIC

DREAM

IN THE PYROFORIC

PAMPHLET

ENCRYPTED
IN DARK ENDS

E

lo sprovveduto ratto suicida

ipnotizzato

dal mammifero sanctimonious

con la sua faccia da coltello e denti d' oro

herbando

dal fiamifero patchwork

i suoi propri peli

accoltellando la lingua

di terracotta e formaggio,

neo-hiroshimizzando

il massacrante sentiero

della quaternità laica

di migliaia e migliaia

di innocenti viandanti .,

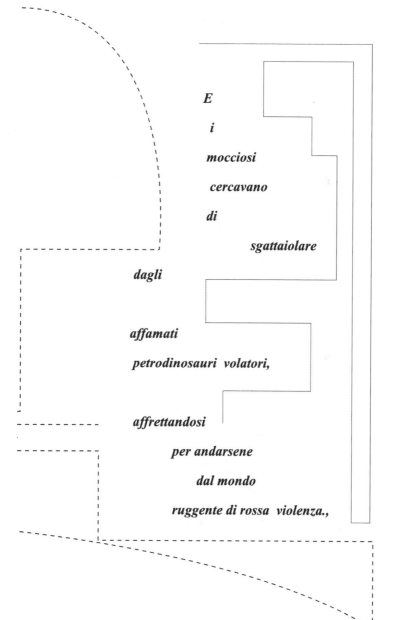

E

i

mocciosi

cercavano

di

sgattaiolare

dagli

affamati

petrodinosauri volatori,

affrettandosi

per andarsene

dal mondo

ruggente di rossa violenza.,

E le

ore

inabili

sfavorivano

le orazioni gelide

degli ipnotizzatori

della guerra santa,

dei cucù

furfanteschi

nel settore immobiliare

e il

misterioso

pipistrello

dell' East Village

vestito

da kamikaze

apriva

cunicoli sul tavolo dello sushi

per l'esecuzione

delle picole bestie

e frutti di mare.,

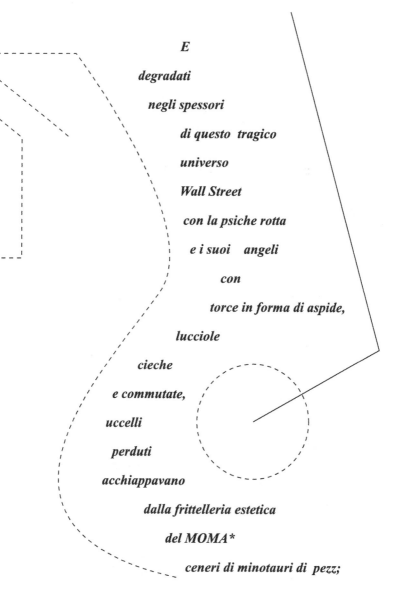

E

degradati

negli spessori

di questo tragico

universo

Wall Street

con la psiche rotta

e i suoi   angeli

con

torce in forma di aspide,

lucciole

cieche

e commutate,

uccelli

perduti

acchiappavano

dalla frittelleria estetica

del MOMA*

ceneri di minotauri di pezz;

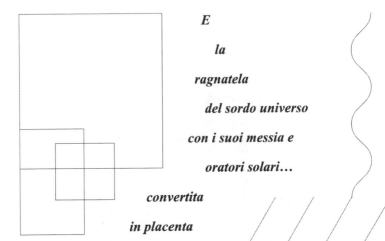

E

la

ragnatela

del sordo universo

con i suoi messia e

oratori solari...

convertita

in placenta

nucleare

impiastrava

nella sua grigia saliva

della disfatta

streghe asine

che recitano sacramenti

raccontando la mitraglistica

epifania degli usignoli di nero

senza giardino né piume

appesi

nel lungo calvario del

sangue giammai identificato.,

E

incornati

embrioni

di ragni

bollivano

battendo becchi

bisonti

bicefali.,

Bollivano

nelle

bolle

della

gran mela rotta

bollivano

dall'

eterno frigorifero

di polvere e fango.,

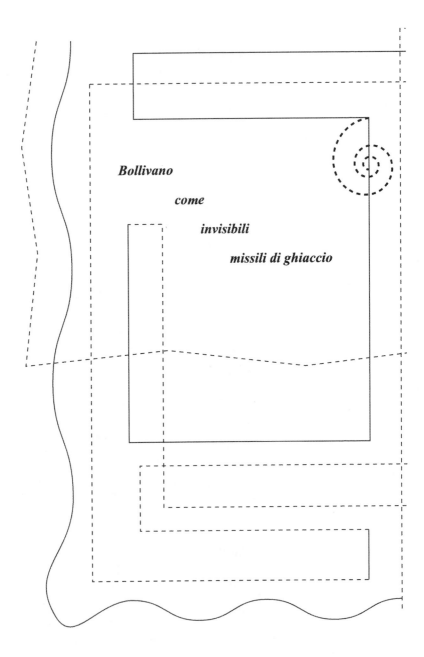

Bollivano

come

invisibili

missili di ghiaccio

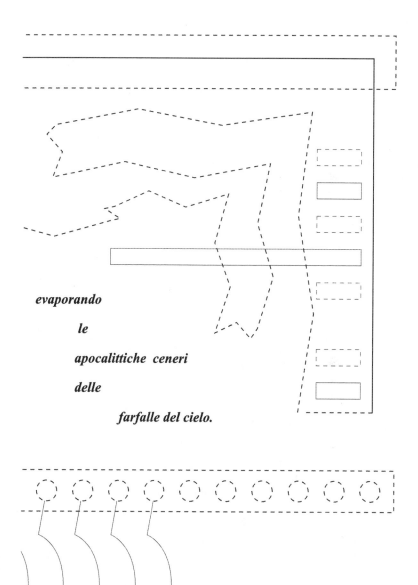

evaporando

le

apocalittiche ceneri

delle

farfalle del cielo.

Bartus Bartolome:

TATOOED BUTTERFLIES OVER THE AURA IN THE ETHEREAL MEAT OF LIMBO.

INDEX
